ひとりふたり‥　聞法ブックス 7

老・病・死の現場から

田畑正久

法藏館

老・病・死の現場から●目次

医療と宗教の共通課題　5
健康で長生きであればよいか　11
豊かな人生とは　16
お任せ医療への疑問　20
病院で死ぬことの問題　23
人間における四つの死　31
ドーナツ人間　34
私は私でよかった　41
南無阿弥陀仏の世界　48
あとがき　55

装　丁　谷中雄二
装　画　竪山久美子
企画監修　田代俊孝

⚘医療と宗教の共通課題

私のいる東国東《ひがしくにさき》広域病院は、大分県の瀬戸内海に飛び出ている国東半島の別府湾に面した五カ町村が作っている病院です。病院の大きさはベッド数が二九五で職員が二七〇人ぐらいおります。今回は、医療や福祉の領域で働くなかで、本当に仏教的なものが大事だなと、日頃思っていることをお話ししたいと思います。

はじめに、どうして私が仏法に縁ができたか話をします。私の家は農家で経済的に豊かでなかったものですから、福岡の大学に入るとき、ちょうど学園紛争があった頃ですが、部屋代の安いところを探《さが》していたら、大学に仏教青年会の寮があったのです。そこは二〇〜三〇人が住める寮で、今でも一カ月三万円ぐらいで生活できるような、部屋代が要《い》らない、食費だけでいいところです。

私は剣道をしておりまして、剣道部の同級生が仏教青年会にいましたので、部屋代が安いということにつられて、仏教青年会に入ったのです。その寮では毎週月・木曜日に朝六時半にたたき起こされまして、仏間で勤行《ごんぎょう》をやらされるのです。みんなそれが嫌だったのですが、部屋代が安いから仕方ないと思ってやっていました。

あるとき、学生運動をしている人がいまして、機動隊が日が明けてからすぐ捜査に来たのです。ちょうど、寮の勤行の後で機動隊が来ました。

機動隊の人が「こんなきれいな寮は見たことがない」というわけですよ。勤行の後、みんなで寮の掃除《そうじ》をして、みんなで一緒に食事をするのです。週に二回必ず掃除をしなければいけない。機動隊がきたときは、たまたま掃除をした後だったのです。そして、「何でこんなに朝早く起きているのですか、私たちが来るのがわかっていたんですか?」と言われるわけです。

私は、仏教は学校の受験勉強で習ったくらいで、あまり知らなかったのです。仏教青年会は同じ世代の人がいっぱい集まるから楽しいわけです。夜、酒を飲みながら、いろいろな話で、ワイワイがやがやするのです。勤行が嫌で「仏教という字がなければなあ、ただの青年会だったらこんなに住みやすいとこはないのになあ」と思っていました。

大学の医学部の五年生のとき、順番で仏教青年会の責任者にさせられました。責任者になったときに、大学の解剖実習のために、献体された方や動物実験で犠牲になった動物の慰霊祭があり、医学部と一緒にその会を主催するのです。そして仏教青年会の代表で挨拶をしてくれというのです。私は、仏教というものはこの世の役に立たない化石みたいな、博物館か美術館にあるものと思っておりましたから、嫌だなあと思いながら仏教青年会に身を置いていたのです。

でも、せっかく責任者になって、ブッキョウのブの字も知らないのでは、申し訳ないなあという気持ちがあったとき、たまたま新聞で、ある大学の仏教研究会の案内が出まして、他の大学はどんなことをやっているんだろうかなあと思って、野次馬根性を起こして行ってみたのです。

そこでは、化学の先生が自分の家で『歎異抄《たんにしょう》』の話をしていました。最初に行ったとき、ハアーッとびっくりしたわけです。なぜかというと、学校で習うような仏教しか知らない者が聞いてみると、今まで聞いたことがない話なのです。それで、話の中に何か惹《ひ》かれるものがありまして「先生、仏教がわかるようになるにはどうしたらいいでしょうか」と質問すると、先生が「毎月一回こういう会がありますから、一年間続けてみませんか」と言われました。それだったら一年間続けてみようと聞き始めたのです。

一年ほどたって、最後の学年になったときに「先生、一年間続けてきたんですけれども、わかったようなわからんようなですけど、どうでしょうかね」と言ったら、先生が「そうだね、田畑君。三年間続けてみたまえ。三年続けたらわかりますよ」と言われたのです。

それから三年、聞き続けながら思ったことは、仏教というのは卒業がないんだな、一生聞き続けなければいけない道なんだな、ということでした。それから今日まで二十数年、医学の勉強、医療という世界に携《たずさ》わりながら、仏法を少しずつ勉強させていただいて、今日にいたっています。蓮如《れんにょ》上人が「仏法は若き時にたしなめ」と言われている言葉が、ほんとにそうなんだなあ、とつくづく思っています。

東京大学の仏教青年会の顧問をされている秋月龍珉《あきづきりゅうみん》という先生がおられます。臨済宗の師家《しけ》になる方で、埼玉医科大学の哲学の先生をしておられます。

あるとき、秋月先生が医学部の学生さんに「あなたたちは将来、医療という世界に携わっていくんだ。医療というのは人間が生まれてから年を取って病気で死んでいく過程に携わるわけだが、仏教も生老病死という課題を二六〇〇年の歴史をかけて取り組み解決を見出してきているんです」と、お医者さんになるのであればぜひとも同じ課題を目的としている仏教に関心をもって、仏教的な素養をもって医療の世界に携わってください、と語りかけていたことをある本で知りました。ああ、そうだったのか、仏教と医療は同じことを目標にしていたのだとわかり、心強い思いがしました。

私のところでは、平成二年の四月から病院の中で毎週金曜日の夕方に、その地域のお坊さんにボランティアで来ていただいて仏教講座をしているのです。もう八年ぐらいになります。

普通、病院に坊さんが袈裟《けさ》をかけて行くと「縁起《えんぎ》でもない、まだ早い」と言われますが、私たちは、公立の病院で、私も地方公務員ですけれども、ぜひとも医療と仏教が仲良くやっていこうではないかと思ってやっています。入院患者さんはいつも二五〇人ぐらいいます。しかし仏教講座に参加するのは、時にはゼロであったり、一〇人ぐらいであったりです。広い畳の部屋を会場にして続けております。

医療の世界がかかえる大きな問題を紹介させていただきながら、仏教講座を開く願いを述べたいと思います。

⚜健康で長生きであればよいか

皆さんもお医者さんや看護婦さんの話というと、「健康」で「長生き」という話題になると思っているでしょう。しかし、はたして健康で長生きであればよいのでしょうか。

皆さんも健康で長生きすることを望んでいると思います。けれども、長生きした人がみんないい生活を、本当に豊かな生活をしているのか、ということです。二、三日前の新聞に、各県別の平均寿命が出ておりまして、日本で一番長生きする人が多いのは沖縄県です。ところが沖縄県が、九〇歳以上の人を調べたところ三七％の人がボケていたというのです。ボケてでも長生きしたいか、というとなかなかそうではないですよね。

もうひとつの問題は、本当に健康というものもありえるんだろうか、ということです。健康、健康といいますが、私は、皆さんを診察しなくても病気を当てることができるのです。皆さんを診察しなくても、「はい、動脈硬化です」と言えば当たっているのです。なぜかといいますと九州大学の前の学長をしていた田中健蔵先生が病理の専門で、血管の動脈硬化を研究しておられる。この先生がたまたま生まれてすぐ亡くなった赤ん坊を解剖して調べたら、動脈硬化が始まっていたというのです。だから、皆さん生まれてだいぶたっていますから、もう絶対動脈硬化は間違いないのです。病気の一つも持っていないっていう人は誰もいないわけです。

さらに大きな問題は、健康で長生きするには、タバコは吸《す》いなさんな、お酒は飲みなさんな、辛《から》いものはやめなさいということになります。そこに、もうひとつの大きな問題があります。

私たちは自分が生きることの意味、自分が生きるということで果たす使命や役割を自分なりに持って、そして、人間として生まれて生きているのです。その生きる意味・使命・役割を実現するために健康でなければならない、長生きをしなければならないのです。健康で長生きというのは、決して人生の目的ではないということです。

そうすると、私たちは生きる意味・使命・役割を本当にわかっているのでしょうか。そしてまた、そのことは学校で教えてくれるのでしょうか。考えてみますと、幼稚園、小学校、中学校、高校、大学、大学院と、どこも生きることの意味を教えてくれないのです。

生きることの意味がわかっていて、そのうえで健康で長生きというのなら順序はよいのですが、「健康で長生き」ということが一番大事になって独《ひと》り歩きしているのです。しかし、長生きすればなんでもいいかというと、今度はボケという問題が出てきたら、「長生きするのも問題だ。そう長生きするのもほどほどにならないといけないな」となる。そこで出てきたのが「ＰＰＫ運動」です。これは長野県の保健婦さんなどが取り組んでいる運動です。どういうことかと言いますとね、「ピン・ピン・コロり」(笑)とね。元気なうちはピンピン、死ぬときはコロリと死のうというのです。お地蔵さんにお参りするとコロリと死ねるという所があるでしょう。ある老人会がバスを借り切ってそこへ行ったら、その帰りのバスの中で一人コロリと死んだというのです。そしたら、次の年にその会員の皆さんに「また行きましょう」といったら誰も行く人がいなかったというのです……(笑)。

生きることの意味・使命・役割は、やはり家庭やお寺という地域社会で教えなければならないのです。けれども家庭もそういうことを伝える機会が少なくなっていますし、お寺に参ることも少なくなってきていますから、そういうことがわからないまま、健康で長生きということだけが独り歩きして、何か変な方向にいっているというのが現状なのです。

そして現在は医療によって長生きが可能だと思うようになってきました。最近、入院してきたあるお年寄りの患者さんが、入院して少ししたら意識もなくなり、内科の先生が、もう食べなくなったから鼻から管《くだ》を入れて栄養を始めたわけです。経管栄養をするかしないか、合併症の危険性などを家族と十分話し合えばよかったのですが、鼻から管を入れて何日かたったときに患者さんが吐《は》きまして、吐いたのが肺に入りまして、肺炎を起こし、それが原因で死亡されました。気づいてからはその後の処置は十分したのですが亡くなったのです。近くにいていつも見ている妹さんは納得したのですが、大阪のほうにいる男の方が、死んだのは病院が悪い、管理責任があるのではないか、というのです。

このごろは、医療ミスか医療過誤でしか人は死なないとみんな思っているんですね。病院に行けばみんな助かると思っている。人が死ぬなんて思わない。医療に対して大きな期待というか夢をもって、病気は治るという思いをもっているのが現在の状況です。

「健康で長生き」は決して目的ではない。その大きな目的は生きることの意味というものをわきまえて、そのことを実現せんがための健康で長生きだということです。本当に「生きる」ことの意味がわかってくると、健康とか長生きにとらわれなくなるのですが……。

豊かな人生とは

医療の世界でもうひとつ気づくことは、病気の種類が変わってきたことです。昭和二五年、戦後すぐの頃は人間が死んでいく病気は、一番が結核、二番が肺炎とか気管支炎、三番が脳卒中、四番が癌《がん》という順番です。それが平成九年では、一番が癌、二番が脳卒中、三番が心臓病です。癌も脳卒中も心筋梗塞《しんきんこうそく》も、ある意味では老化現象ですので、なかなか防ぎようがないわけです。ただ、老化現象が速いか遅いかという問題はありますが。

癌や脳卒中や心筋梗塞という病気を完全になくすることはできませんが、少し改善すれば平均寿命を五年か八年ぐらい伸ばせるだろうといわれています。癌や脳卒中や心臓病は、命をとるということもありますが、いったんその病気になると、その後長くその病気と付き合っていかないといけないのです。

たとえば、高血圧や糖尿病は完全に良くなるということはないのです。お薬を飲んだり、食事療法をしながらいい状態をずーっと保って、病気と長く付き合っていかないといけない。そういう病気が増えてきたということです。

平均寿命が五〇歳を超えたのは戦後です。戦争前、人間の歴史始まって以来、平均寿命は五〇歳を超えていなかった。昭和二五年では、大体五〇から六〇歳ぐらいだったのです。私は今四八歳ですが、五〇、六〇歳というと、自分の子どもが育って一人前になって親元を離れたなと思ったら、死んでいったわけです。しかし今は、その五〇、六〇から二〇年くらい余分な時間が出てきたのです。子育ての忙しい間は子どもが一人前になるまでといって一生懸命やるわけですが、子どもが手から離れて、あと二〇年、三〇年を、どんな生き方をしたらいいのだろうか、人間として生まれて生きるということの意味・使命・役割は何だろうかと考えるわけです。しかし、普通はそれより先に豊かな生活をするためには何が必要か、ということを考えるのです。

半年ほど前の新聞に、東海銀行が「豊かな生活をするためには何が大事ですか」とアンケート調査をした結果が出ていました。豊かな生活をするために必要なものとして、お金・健康・仕事・趣味、といった項目があがっています。アンケートの結果は、一番は健康六五・五％、二番が家族で二〇・三％、三番が一一・五％でお金、四番が仕事で二・六％、そして趣味がゼロ。豊かな生活をするためには健康が大事だ、家族が大事だ、お金が大事だ、といっています。仏教が大事だというのは、項目にもあがっていません。宗教や仏教よりは長生きがいい、健康がいいといっているのです。

しかし健康といっても、病気の一つや二つはみんな持っている。長生きしても沖縄県では九〇歳以上の三七％の人がボケているという問題があります。そうすると、

「健康で長生き」ということだけで、本当に豊かな生活になるのでしょうか。

今や日本は高齢化社会を迎え、私の病院がある東国東郡でも、六五歳以上の方が二五%以上になっております。もし、その人たちみんなが退屈して「時間つぶしに困っております」といって、ゲートボールをしたり、いろんな時間つぶしだけに苦労する退屈した人間がいっぱい増えてきたとしますと、地域が豊かになったと本当にいえるでしょうか。長生きして退屈して、私は豊かな人生だったと思うでしょうか。

七二歳の漁業をされていた方を受け持って手術したことがあります。その患者さんが通院してこられたときに「どうですか?」と聞いたら「お蔭《かげ》で体はよくなりました。けれども手術を機会に息子が、もう船に乗るな、と言うもんですから毎日することがありません。毎日パチンコ通いです」と言うわけですよ。今、パチンコ産業は三五兆ぐらいです。医療費が大体年間に二七兆というのに、それを超える三五兆がパチンコに消えている。みんな健康で長生きして時間つぶしに困っている。時間つぶしに困って退屈している人がどんどん増えて、豊かになった、とはいえないですね。

⚜お任せ医療への疑問

一方、お医者さんのほうにも問題があるわけです。『老人医療の現場』という本が六年ほど前に出ました。著者はＮＨＫディレクターの和田勉さんです。和田さんがどうしてそんな本を書いたのか、本文の中に書いています。

和田さんのお父さんは八六歳で寝たきりになって長いこと寝ていた。そして、兄弟や子どもが順番にお父さんの看護や介護をずっと家でした。けれども、死ぬときは病院のほうがいいんじゃないか。死亡診断書を書いてもらったりしないといけないと思って、最後の意識がなくなる状態のときに病院に連れて行った。先生が丁寧に診察をして「あなたのお父さんはおしっこが出なくなる腎不全ですから血液の透析《とうせき》をしましょう。そうすれば、あと一週間とか一カ月くらい延命できるかもしれません」と言われたそうです。

本当のことを言いますと、寝たきりで意識がなくなってくると、私たち医師はいくらでも病名をつけられる。腎不全、心不全、肝不全、……といくらでもつくのです。和田さんは「先生、私の父はもう充分長生きしました。これ以上元気になる見込みもありません。だからもう何もせずに自然にいかせてください」と言われた。そしたら、その先生が「それは家族会議で決めたことですか。私がこういう治療をしたら長生きできるというのに、それを断るというのは人間として冷たいですね」と言われた。そうすると皆さんはたぶん「先生にお任せします」となるでしょう。私、病院の院長ですのでよくわかるのです。透析をすると病院は潤《うるお》うのです。（笑）その先生が、本当にその患者さんのためを思ったか、病院の経営のためなのかわかりませんが。

ともあれ、何でもお任せしておけばいいっていう時代ではなくなってきたのです。

たとえば、エイズ問題の安部教授が、アメリカの方に調査依頼をして、ある患者さんがエイズにかかっているとわかったときに「あなたはエイズにかかっています」と言いましたか、と訊《き》かれて「あの当時は患者さんが本当のことを知ったらショックを受けるようなことは言いませんでした」と応《こた》えていました。

今までの医学の流れは、全部お任せしていたら、お医者さんがいいことをしてくれるだろうという前提があったわけですが、最近は、こちらがお任せしていても、お医者さんもいいようにしてくれないことがわかってきた。エイズ問題のときに、本当にかかったということを本人に伝えていたならば、「自分一人の病気でよかった」と本人たちは言うのです。本当のことを教えてくれたら、そこで予防処置がとれたのに、教えてくれなかったので家族にも病気をうつすという結果にもなったと。

何でもお任せしていたらいいことをしてくれるかというと、そうでもないのです。だから延命治療しましょうと言われても、ただ単にお任せではなくて、どちらがいいかを、私たち患者も――私は両方の立場ですけれども――決めていかなければいけません。

とくに癌に関して、患者さんに癌と言うと生きる希望をなくすかもしれないから、嘘の病気を言いましょうという今までの長い歴史がありましたが、最近は、本当のことを言いましょうという時代になってきました。

病院で死ぬことの問題

もうひとつ触れておきますと、病院で亡《な》くなる方の割合を厚生省が調べています。昭和二五年は、病院で亡くなる方は一一・六%。約九〇%の人は家で亡くなっていた。それが平成六年に、自宅で亡くなる方が初めて二〇%を切って一九・六%になった。今はすでに、八五%ぐらいの人が病院で亡くなっていると思われます。

私たちの近くの開業医の先生が言っていました。「昔は医療を受けるだけでも難しい時代があった。そういうときは、最後の最後は病院で亡くなって、あの人は死ぬ時は病院で亡くなって幸せだなどと言われておった。それが今は、あの人は自宅で亡くなって本当に幸せな人だと、今は自宅で亡くなることが幸せと言われ出した」と。

国民の八五％の人が病院や施設で亡くなる時代になって、はたして病院や施設で手厚い看護や医療が受けられているかという問題です。お医者さんや看護婦さんたちは、死んでいく人たちへの対応についての授業をほとんど受けていません。医学教育、看護教育の中で、死の前後のことについて教育がまったくなされていない人たちが、国民の八五％以上の死というものを扱っているのです。

それでは、患者さんがどんなふうな扱い方を受けているのでしょうか。ある人はそれを「死の医学化」と言いました。

医者や看護婦は、どういう医学教育を受けてきているかというと、たとえば交通事故でおなかを打って「痛い、痛い」と言っている患者さんが来たとします。そうすると、意識がはっきりしているかをまず調べます。次に、血圧や脈拍、あるいは呼吸を調べます。たとえば血圧が下がると点滴をします。点滴では間に合わなくなると、血液型を調べて輸血をします。輸血でも間に合わなくなると、おなかの中に出血しているんじゃないかと、エコーやCTで調べます。脾臓《ひぞう》が腫《は》れたり、破裂して、血が出ていることがわかれば、おなかを開けて脾臓から出血しているところを止めます。そして、血圧、脈拍、呼吸をよい状態に保っていく。そうすると、結果として命を救うことができるというのです。

国民の八五％の方が病院で亡くなっていくという状況で、この中には老衰で亡くなっていく人たちもいます。九〇歳を過ぎた人には、なかなか治療が難しくなってきます。

たとえば意識がなくて植物状態みたいな人がいて、「先生、血圧が下がりました」と看護婦さんが言ってくるわけです。「何かしましょうか」と言ったら、「そうだね、点滴をしよう」と。「点滴だけじゃ血圧が上がりません」と言ったら「昇圧剤を入れなさい」と。場合によれば輸血を始めます。「先生、息が止まりました」と言ったら「そりゃ悪いなあ、人工呼吸せないかん」と管を入れて人工呼吸を始める。いろいろ管を入れて最後に御臨終でしたと亡くなっていく。こういうのを「死の医学化」と言うのです。

ある年齢を超えて、長い患《わずら》いをずーっとして、末期の時期だなと思った人に、病院では今までの救命医療、延命治療の名残りでいろいろな処置をする。しかし、本当はそんなことをせんでもいいのです。血圧が下がったといったら、家族の人たちに出ていってくださいという言葉ではなくて、「さあ、入って。もうちょっと手を握って最期を見守ってください」でいいわけですよ。

健康で長生きということはいいことだ、医師や看護婦は「健康で長生き」のためによいことをしているという思いがある。生きることの意味はよくわからないけれども、健康で長生きをさせることが人間としていいことだ、医者としての仕事だというのです。国民の八割以上の人が病院で亡くなるようになって、「死の医学化」という傾向にあるわけです。

そこに本当に「生きることの意味」とは何かという問題をわきまえて、その人なりに対応してあげるということがなければいけない。それを今、生きることの意味・使命・役割ということがわからないまま、健康で長生きのほうが大きな顔をしています。

一昨日、私の義理の祖母になる方が亡くなったのです。今度、大学に入る私の息子が、今まで人間が死んだところを見たことがない、葬式にも火葬場にも行ったことがないというから、ぜひ行って見とかないといけないぞ、と言って連れて行った。

けれども、病院ではきれいなところしか見せない。人間が死ぬところを見せないで、全部病院で看護婦さんたちがしてくれる。受験勉強に忙《いそが》しいから、学校に行きなさい、といって、生きる死ぬという問題が本当に見えなくなっている。何か、愉快で楽しく明るくということだけが誉《ほ》められる時代です。

生きることの意味があやふやなまま、じわじわと「死の医学化」といって、お医者さんが自分の縄張りをどんどんどんどん増やしている。本当はお医者さんがいなくてもいいことなんです。ある程度は関わらなければいけないですけれども、その関わり方が問題です。

もうひとつ、「説明と同意」という問題があります。「説明と同意」というのは、患者さんに本当のことを説明して患者さんにも選んでもらおうという問題です。

一番に問題になるのが癌の問題です。癌の問題で患者さんに、または自分自身が癌になったとき、言ってほしいか言ってほしくないかという問題です。今までは癌だとわかったときに言わないことが多かった。平成七、八年ぐらいから、患者さんに本当の病名を言うという流れが出てきています。しかし、それでも三〇%ぐらいです。うちの病院では、最近、外科のほうでは一〇〇%言っています。早期の癌でも、進行した癌でも言おうということになっているのです。

今まで言わなかったためにどんなことが起きてきたかということを紹介します。

たとえば、胃癌にかかったとします。胃癌でも早期ならば九五％は良くなります。進行した癌でも六〇％ぐらいは良くなりますが、四〇％は再発します。胃癌の手術をしたとします。本人には、胃癌と言ったらショックを受けるから、胃潰瘍《かいよう》です、ほっとくと胃癌になるかもしれませんから今のうちに手術をしましょう、とみんなが嘘を言うわけです。そして、手術はうまくいって退院したけれども、運悪く再発をしたとします。再発をすると、最初のうちは症状は何もない。しかし病気が進んでくると、通院では間に合わなくなって再入院することになります。

入院した最初は点滴をしたり、血液製剤を使って症状をおさえておく。そして、その間は、患者さんの訴えにお医者さんや看護婦さんたちは十分応えてあげることができるわけです。けれども、ある時期を過ぎると医学のほうがお手上げになってきます。医師は先輩から、入院している患者さんには、朝と夕方必ず顔を出しなさいと言われます。私たちは病室を訪ねても、その場を誤魔化していくようになります。その部屋からさっと出ていく。そうすると患者さんは、「自分は胃潰瘍で良くなる病気なのに、この病院に入院しても全然良くならない」と言う。そこで次第に出てくるのは、〈不信感〉です。この病院を、この医師を選んだのは間違いではなかろうか、と。

私たちの病院は田舎にありますから、患者さんは都会のほうを、別府・大分のほうを向いていています。うちの病院でうまくいかなかったら、別府の国立病院や大分医大に行ったらよかったと思い始める。そして不信感のまま、あれよあれよという間に死んでしまう……。こういう人たちは病気が良くなってからあれをしようという感じで、何となくだらだらと過ごしています。

最近、緩和《かんわ》ケア病棟やホスピスで働く人たちが、「人間というのは最後の最後まで成長する存在ですね」ということを言い始めました。ホスピスやビハーラ病棟では「あなたは何々の癌です。今の医学では治癒《ちゆ》させることは困難です。痛みはモルヒネ等を使うことによって取ることができます。いろいろな症状にも十分な対応して生きることを支援します」という意味のことを言うわけです。

最初はショックを受ける人たちも多いようですが、二、三日すると、気を取り直してきて、自分のやり残した仕事をしておこうとか、後に残る家族のいろんな問題を自分が生きているうちに解決しておこうとか、残された時間を本当にいきいきと生きていく。そういう生きざまを見ていて、今までの、本人に本当のことを言わなかったところでは、嘘の上塗りをしながら何か気まずい関係で死んでいったのが、本当のことを言ってあげることによって、いきいきと生きるさまをみて、成長する存在だということがわかってきたのです。

⚜人間における四つの死

人間の死には四つあると言います。

ひとつは、「心理学的な死」。心理学的な死というのは、たとえば自分の頼りにしていた息子が交通事故などで亡くなると、気持ちが落ち込んで生きる意欲がなくなるということです。

二番目は、「社会的な死」。その人が入院しても近所の人も親族の人も誰も見舞いに来ない。お医者さんや看護婦さんが話しかけても壁のほうを向いて、じーっとしている。そういう状態を社会的な死といいます。

三番目には、「文化的な死」。文化的な死というのは、食べては寝、寝ては食べて、心の潤う話はしないで、下品な話をして、文化的な潤いがなくなってくる。

四番目に、「肉体的な死」。これは文字どおりです。

考えてみると、今までの日本の医学が問題にしてきたのは、この四番目の肉体的な死のところだけだったのです。たとえば、あなたは癌です。こういう治療をすると副作用が強いかもしれないけれど、六カ月の命のところが一二カ月に命が延《の》びて、六カ月のプラスです、六カ月間、医学の治療で延命できた。医学の勝利だとなってくるわけです。

その患者さんは、一二カ月間病院の中で、副作用に苦しみながらの延命です。しかし、お医者さんたちは、その人がどんな生き方をしようと関係ない。六カ月の命を一二カ月に延ばしましたという証拠だけ学会に出して、治療方法が良かった良かったというのです。

つまり、肉体的なところは量で測れるわけです。とくに戦後は物の豊かさを追求してきました。その物の豊かさとは量の豊かさ、物をたくさん食べることができれば、物が豊かであれば、ということでした。心理学的とか、文化的とか、社会的とか、これは量で測れないでしょう。命のところでいうのは質の問題だったのです。健康で長生きというのは量の問題では測れない。生きるということの意味・使命・役割ということは、まさに質の問題なのです。

今、平均寿命は天井に近づいた。量の問題だけでなく、やっぱり質の問題が大事なんだということが次第にわかってきた。そこのところがまさに、仏教が問題にしたところだったのです。

ドーナツ人間

東京大学の宗教学の岸本英夫さんが『死を見つめる心』（講談社文庫）という本を書いておられます。この方はハーバード大学に留学していたときに皮膚の癌になりました。病気に対面しながら再発する度に手術をし、結局一〇年後に亡くなりました。

岸本さんは、自分がその病気と向かい合いながら、人間が生きていくうえで大きな課題が二つあるということに気づいたそうです。一つは、何故生きていかなければいけないのだろうかという問題。二つめにどう生きていったらいいだろうか、という課題に気づいたそうです。

それでは、生きることの意味・役割・使命を、世間一般ではどんなふうに考えているのでしょうか。

私たちが考えることはどういうことかというと、東海銀行の調査の例でありますように、健康と病気というと、健康のほうがプラスで病気がマイナスです。若いのと年を取るのとでは、嘘でも若いですねと言われると喜ぶように、若いほうがいい、年を取るのは嫌だということです。私たちは年を取るのが嫌だと思うのですが、「老」というのは中国の語源で言うと尊敬を含めた敬称です。たとえば「長老」と言うでしょう。

お金があるのとないのでは、あるほうがよい。つまり、プラス価値のものを一所懸命上げてマイナスの価値を下げていけば、結局幸せに行き着くと思って、みんな一所懸命頑張っている。けれども、そのことが本当に幸せに行き着くのかというと、行き着かないのです。幸せにいくかなあと思った瞬間にスッと免《まぬが》れて年を取って死んでいく。世間的価値観でいうならば、正に不幸の完成で人生を終わっていく。しかし、みんな、そんなことは夢にも思わないのです。

仏教はどう言うかというと、こんな考え方、生き方を止めましょうと。プラス価値のものを上げてマイナスの価値を下げていくということが幸せになるっていうのは、とらわれだ、そのことに目を覚《さ》ましなさい、というのが仏教なのです。

長年しみついた考え方で、プラス価値のものを上げてマイナスの価値を下げたほうがいいだろうと思っているのです。こういう生き方の人のことをある坊さんが「ドーナツ人間」と言いました。「ドーナツ人間」とは、能力がある、資格がある……、私の周《まわ》りにプラスのことをいっぱい集める。そうすると、何となく私も周囲よりもいい生活をして、それなりの教養があって、そこそこの人間になったと思うわけです。けれども、ドーナツのように真ん中が空っぽなんですよ。

キューブラー・E・ロスというアメリカの女医で『死の瞬間』『続　死の瞬間』と

いった本を著《あら》わし、人間が死んでいく終末期医療に一所懸命携わっていた方がおります。この人が日本に来たときの講演の中で、ある癌患者さんから、「先生、私はいい生活をしてきたけれども、本当に生きたことがない」という訴えを聞いたというのです。

今まで人に負けてはいけないと思って、プラス価値を一所懸命集めるために努力して、そこそこの生活はできた。でも、あと六カ月の命ですよ、と言われたときに、私がしてきたことは何だったんだろうか、ただ追いかけられて負けてはいけないということだけで生きてきて、本当に生きてきたのだろうか、と。いい生活をしてきたけれども、本当に生きたことはありませんと訴えたというのです。

それは本当に生きるということは何だろうかという問題です。病気の現場でそういう訴えがあるが、お医者さんがなかなか応えられない。そこに宗教的な問題がわかっていないと応えられない。

福岡の亀山栄光病院のホスピスの先生の話です。ある四〇代の方が腸の癌になり、大学病院でいろいろ治療したけど、もうこれ以上治療法がないというのでホスピスに来られた。本人も自分が癌だということがわかっている。

最初は「痛い、痛い」と言っていたからモルヒネを使って痛みはとれた。しばらくしたら、今度は腸閉塞《へいそく》になった。腸閉塞になったら、中心静脈栄養といってチューブを心臓の近くまで入れるのです。だから全然食べなくても生きていけるのです。痛みもとれた、食べないでも生きていけるようになった。そしたら、その四〇代の方が「先生、私は死ぬために生きているんですか」と言ったというのです。つまり、「生きるとはどういう意味があるのですか」と問いかけているのですね。

それは、病気の人だけの問いではありません。私が今の病院に来たときに、その前の院長先生が地域医療を勉強するために東北のほうに研修に行ってこいというので行ったことがあります。

ある病院の先生がおられて、ご自身の本をくれました。その先生は戦後、医療が十分でないところに行って、三〇年間ずっと一所懸命頑張って立派な病院を造られた。その地域にとっては非常に貢献のある先生です。その先生が本の中で「自分は一所懸命田舎の医療に取り組んできて、それなりの成果が上がったけれども、むなしい感じがする。生きている実感がない。これはどうしたことだろうか」と言われるのです。やはり、ドーナツの真ん中に関係してくることだと思います。

もうひとつ言いますと、私の同級生が、私の田舎の近くで県立高校の先生をしています。大阪のほうにいたのですが、両親が中津市にいるので帰ってきた。そして、中学校のクラス会の席で「大分には文化がない」と言うのです。

私もアメリカをはじめいろいろなところで生活したこともありましたが、大分の田舎に帰ってきて、大分には文化がないというような愚痴《ぐち》を言う気はあまりなかった。ところが彼は、文化がないと愚痴を言う。彼の愚痴がどこから起こってくるのか、すぐにはわからなかった。けれども少しずつわかってきました。

この「文化」というのは英語で「culture」（カルチャー）といいます。カルチャーというのは「耕《たがや》す」という意味です。何を耕すのかというと〈私を耕す〉のです。〈私の心を耕す〉のです。

都会には博物館がある、美術館がある、講演会がある、そういうものに接している間はプラス価値が自分にもそなわっていると思う。そして、私もそこそこの人間だと思っていたのが田舎に帰ってきたとたん、美術館も音楽会も講演会もない、みんなマイナスになってきた。そして、自分がカラッポというのが見えてきた。

自分がカラッポだ、というわけにはいかないから、外が悪い、と言う。大分には文化がない。このカラッポの姿に気づいて外が悪いと言い始めたのです。だから都会から帰ってきて都会風を吹かせる人たちで、ここ八代《やつしろ》には文化がない、という人は自分の心がカラッポだということです。（笑）

やはりドーナツの真ん中に関係することなのです。これは正に、自分が生きるという生き方の問題でもあります。

✢私は私でよかった

私の病院がある東国東郡安岐町には、江戸時代に三《み》浦梅園《うらばいえん》という方がおられました。その三浦梅園が次のような歌を残しております。

　人生恨《うら》むなかれ　人知るなきを　幽谷深山　華自《はなおの》ずから紅なり

国東半島の真ん中に両子山という山があります。ここは天台宗の両子寺というのがあるのですが、その近くに三浦梅園の旧家があるのです。

この歌のどこがすごいかというと、最後の「華自ずから紅なり」です。「華」という字を辞書で調べてみると、桜の花とか、梅の花とか書かれています。ですから桜の花が桜の花で精一杯咲いていて、それがよかった、つまり「私は私でよかった」ということなのです。世間的には有名になることがなくても、谷深い山の中で桜の花が精一杯花を咲かせたら、それでよかったんだ。皆さんも、病院選びでも都会がよく見える、よそがよく見えるでしょう。けれども、この真ん中の心が満たされてくると「私は私でよかった」と思える世界が出てくるのです。

たとえば三木清という方は非常に親鸞聖人に惹《ひ》かれた哲学者ですが、『人生論ノート』というものを書いています。この三木清は戦時中に思想犯で捕《つか》まって牢獄で亡くなりましたが、『人生論ノート』の中で「幸福について」次のように書いています。

幸福は人格である。ひとが外套《がいとう》を脱ぎ捨てるように、いつでも気楽に他の幸福を脱ぎ捨てることのできる者がもっとも最高の幸せな人である。

彼の幸福は、彼の生命と同じように彼自身と一つのものである。

本当の幸せが得られたならば、世間的な幸せは外套を脱ぎ捨てて、素っ裸になって「私は私でよかった」と言えるものが得られたときに本当の幸せなんだ、ということです。

私たちは方向としては「私」というものを中心において、私の周りにプラスを集めたいわけです。教養、資格、家族、愛情……そういうものをいっぱい集めて、私は私でよかった、と言いたいわけです。しかし、本当の幸せというものは外側にプラスするものではなくて、私が、私の心が耕されて「私は私でよかった」というものが得られたことです。そこでは外側のプラスは捨ててしまってもいいというのです。

もうひとつ、先ほどの三浦梅園の歌に対応するような歌があるので紹介します。

　あれを見よ　深山の奥に　華ぞ咲く　真心尽くせ　人知れずとも

これは読み人知らずで作者がわからないそうです。山に桜が咲いている。その山の桜は、たまたま山の中に種が落ちて、そこで自分の木が生《は》えて、みんなが見ていようが見ていまいが、自分の持ち場で精一杯花を咲かせている。それを毎年毎年、繰り返している。

こういう話を私の病院の職員にしますと、「先生は病院長だから私たちを一生懸命働かせようと思って、こんな話をするんじゃないですか」と言います。（笑）

「真心尽くせ　人知れずとも」といって、ただ働きだった、無駄働きだった、となるかもしれません。しかしひとつ大事なことは、心が耕《たがや》される、仏教のお話を聴いて智慧に照らされていくということがあって初めて、「私は私でよかった」という世界が展開していく、という一面があるわけです。

曹洞宗の中野東禅氏が、いろんな人が死んでいく状況を調べまして、本当に悠々と死んでいける人、死を受容できる人はどういう人かを調査、研究して発表しています。そこには一二項目ほど書いてあるのですが、二つだけ非常によかったものを紹介します。

ひとつは、「今を充実できている人」です。今を精一杯生きている人です。「私は私でよかった」という世界を毎日過ごしていける人は、死後のことは仏さまにお任せするという世界がわかるわけですから、そんなに慌《あわ》てふためかないのです。

たとえば私たちが朝起きて今日も死なずに元気に目が覚め、今日も一日また精一杯私のできることを頑張りましょう、ナンマンダブツと。そして、夜、布団の中で寝るときに「私はそんなに立派な仕事はできなかったけれども、精一杯の生き方をさせていただいた、ナンマンダブツ」といって眠っていける。念仏に明けて念仏に暮れていくという生活が出てくるときに、本当の今を充実した世界が開かれてくるのです。そうしたときに、死というものは恐くはないのです。

もうひとつは、「感謝のできる人」です。この感謝のできる人というのが、曲者《くせもの》でもあるのです。世間では井戸端会議なんかで「あなたのところは土地もあって子どもさんも立派で、家族もそこそこなってるから恵まれてるじゃないの。感謝しなけりゃ」という。そうすると「そうか、私、感謝しなけりゃ」となる。しかし、「そう、私、そうかねぇ」といつも文句いっているのに、人から感謝しなければといわれても、感謝しようにも心からの感謝にならないのです。

仏教がわかってくると、どんな世間的に甲斐性《かいしょう》のない親であろうとも、私が人間として生まれさせていただいた。仏法に出遇《であ》うことができたという世界がわかってきたときには、感謝せずにはおれない世界が自ずと開けてくるのです。

私たちが生きていることの底辺には、私が人間として生まれて生きているという宝みたいなものがあるわけです。それを私たちは、人間として生まれたことは、比べようもなく、誇《ほこ》りようがない、みんなに共通のものだから全然価値も何も感じないのです。

人間として生まれたことの素晴らしさに気づいていくという世界が仏法の世界です。そのうえ仏法に出遇えたってことになればなおすごい。ところがそのことの価値になかなか目覚めない。それを当たり前だと思っている。感謝ができるというのは、本当に人間として生まれさせていただいて仏法に出遇えたことが、本当に感謝ができる世界が、私たちの心でわかってきたら、これほど豊かなことはないのです。それが、心が耕されてくるということに自ずとつながってくるのです。

私たちは豊かな生活をしようとして、健康が大事、家族が大事、お金が大事、仕事が大事……と思って生きているのです。自分が高くなって喜ぼう、自分の外側にプラス価値を加えよう、そしてそれを維持しようとかえって窮屈になっているのです。それが、本当に人間として生まれて仏法に出遇えたという喜びの世界がわかってきたら、この私が、「私は私でよかった」と言わずにはおれない。今を充実でき、そして、感謝というものが自ずと出てくる世界がある。その世界が三木清が言う「幸福は人格である」、自分自身とひとつなんだという世界であります。

医療の世界で、健康で長生きということが目的になっていますが、本当の目的というのは、生きることの意味・使命・役割というものを実現させることなのです。目的と方法というのはよくわきまえないといけません。何が目的なのか、そのための方法はきちんとできているのか、ということです。

⚘南無阿弥陀仏の世界

もうひとつ、星野富弘さんの詩を紹介させていただきます。

命が一番大切だと思っていた頃　生きるのが苦しかった

命よりも大切なものがあると知った日　生きているのがうれしかった

星野富弘さんは中学校の先生をしておりまして、二〇代で首の骨を折られました。首から下が麻痺《まひ》して、今、車椅子の生活で口に筆をくわえて、絵を描いたり、歌を書いたりしておられるのです。この人はキリスト教の信仰に生きている方です。

健康が大事です、長生きが大事です、と言われていたら、星野さんにとっては、下半身、首から下が麻痺してますから、健康を損《そこ》なっているのですから苦しいだけです。

私たちも、自分は健康だと思っていても、血圧が高いからあなたはお塩を控《ひか》えなさい、お酒をやめなさい、タバコを止めなさい、となると生きていくのが窮屈で、苦しくなる。

仏教的に言ったら、命よりも大切なものがあるということを、「智慧と慈悲の世界」があるということに気づいたときに生きているのがうれしかった、と。健康が大事ですよ、命が大事ですよ、と言っている間は生きるのが苦しかったけれど、命や健康よりも大切なものがあると気づかされたときにうれしかったと言わずにはおれなかった、と。

うれしさを昔は袖《そで》に包みけり　こよいは身にも余りつるかな（『御文《おふみ》』一の一）

という蓮如上人の歌があります。昔のうれしさというと何となく袖に隠《かく》していたけれども、だんだん心の中が照らされて、そういううれしさを知ったら、うれしさを体全体で表現せずにはおれなかった。生きているのがうれしかった。医療や福祉の世界に携わっていると、命よりも大切なもの、命よりも大切な世界があるんだということを身につけていかないと、本当に患者さんやいろんな人間を相手にしたときに、対応できないのです。

私の仏教の先生が残してくれた言葉を最後に紹介します。

私の学生時代に、化学の先生が仏法を家でお話されていたという縁で、私は仏法の方に縁ができた。その細川巌《いわお》先生の言葉です。

人生を結論とせず、人生に結論を求めず、人生を往生浄土の縁として生きる。これを浄土真宗という。

往生浄土というのは、「人間として成長する」という意味でありましょう。浄土真宗以外であれば「これを仏道という」という意味合いで受け止めてもいいと思います。

人間の生き方には、いろんな生き方があります。世間的に有名になる生き方もあるし、運がよく順調にいく人もいるし、途中で失敗をしてさまざまなトラブルを起こしてしまう生き方もある。多くの場合は、私たちは上を目指していくわけです。そして、世間的には、総理大臣になったら成功者かというと、総理大臣も何カ月、何年かすれば他の人に必ず替わって辞めていく。だから「人生を結論とせず」というのは私は、運がよかった悪かったと決めつけることはありません。そしてまた他人を批判するとき、「あの人はとうとう捕まったそうね」とか、「あの人は汚職してあんな悪いことしたから」とか、他人のことを傍観者の立場でよいとか悪いとか、結論づけていく必要はありませんよ、ということです。

そして「人生を往生浄土の縁として生きる」、あなたが人間として成長していく、仏になっていく歩みとしていただいていく、それを浄土真宗というのです。

私たちは生きていくうえで、プラスのこともマイナスのこともあり、みんなに誇りたいことも、言いたくない、隠しておきたいこともいっぱいある。そういうものが全部、私が人間として成長していく、仏法、仏に近づいていく、仏になっていく縁としていただける。だから無駄なものがなくなってくるわけです。うまくいったこともあり、うまくいかなかったこともあればこそ、そのことを縁として仏法に出遇い、仏法に近づく縁ができた。そのとき初めて「私は私でよかった」という世界が開かれてくるのです。

私は私でよかったという世界を生きていく〈心の豊かさ〉というものを私たちが持ち得るのが、この仏法の世界ではないかと思うのです。現代教育を受けてくると、何でもかんでも理性や知性で解決できると思うが、なかなか解決できない。解決できない難問が次から次へと起こってくるけれども、そうした人生の問題は私が人間として成長していく〈縁〉としてあるのです。

癌になっても、癌になったことを縁として、それを本人に本当のことを言うことによって、その人が本当に人間として、最後の最後まで成長していくのです。私たちは、本人のためを思って嘘を言っているようですけれども、じつは人間として成長するチャンスを奪っている可能性があるのです。「本人がショックを受けるから本当のことは言わない。嘘を言ってあげよう」というのは、本人が成長する最後のチャンスを、他の人たちが奪ってしまっているのかもしれません。

そこに、本当のことが言える関係を創って、いろんなことが起きようとも、そのことを人間として成長する肥やしにしていく。そして、「私は私でよかった」という世界に出させていただく。それは智慧と慈悲、南無阿弥陀仏のある世界、南無阿弥陀仏の生起本末《しょうきほんまつ》を聞くと言いますが、私たちがなぜ「南無阿弥陀仏と呼びかけられているのか？」を尋ねていく、聞いていく。仏法を聴聞《ちょうもん》し、本を読んでいくと、その中に、教えに照らされている世界がわかってくる。そこに自ずと、いかなる境遇にいようとも「私は私でよかった」という世界に出させていただく。

ただ健康で長生きを望むのでなく、健康であろうとなかろうと、「私は私でよかった」という道があることに気づけと、お釈迦さま、七高僧、親鸞聖人、よき師よき友を通して、私たち一人ひとりに願いがかけられている。その願いに気づいていくときに、本当に〈心豊かな人生〉というものが展開していく道があるのです。

ある方が、八〇、九〇歳になって「まだ死にたくない、死にたくない」といって死んでいく方のことを〈若死に〉と言われました。一〇歳で死のうと二〇歳で死のうと、私は私の生を精一杯生きさせていただきました、南無阿弥陀仏。そういって死んでいく人のことを天命を全《まっと》うしたと……。現代はあまりにも若死にする人が多いですね。「私は私でよかった」という世界が出てきたとき、本当に素晴らしい世界があるのではないでしょうか。また、そのことに気づいていけば、病気であろうと病気でなかろうと、世間的に幸福であろうと不幸であろうと、「私は私でよかった」という道があるのです。

あとがき

平成一〇年、熊本県八代市の真宗大谷派熊本教区第五組と「八代の若い坊さんの会（願生会）」とのお誘《さそ》いで、講題「今、力強く生きる道（老・病・死の現場で見えてくるいのち、生）」でお話をさせていただく機会を賜《たまわ》りました。若い坊さんたちのご苦労で文章化することができました。その後、同朋大学の田代俊孝教授及び法藏館の池田顕雄さんのご配慮で、小冊子として日の目をみるようになりました。

医療と仏教の協力関係をぜひとも築いて行きたいとの願いで、仏教のお手伝いができればと思っています。本書は、未熟ゆえの独り善《ひとよ》がり的な表現になっているところもあるかもしれませんが、私の精一杯の表現であります。

医療を取り巻く文化状況は、科学的合理主義で見落としがちであった「いのちの質」への関心が少しずつ盛り上がってきています。客観的事実に基づく医療ということで、数字や形で示されるものが尊重されすぎた反省から、一人の人間（患者）としての物語性（生まれた意味、生きる意味、死んだらどうなるのか等）を加えた、全人的な対応の必要性が大事であるとの認識が出始めています。仏教は二千数百年の歴史をもち、すでに生老病死の課題に解決を見出してきた歩みがあります。日本の現代の医療は仏教に学ぶべきものの多いことを痛感しているところです。

「医者の傲慢《ごうまん》、坊主の怠慢《たいまん》」との厳《きび》しい批判をある識者からいただきましたが、この小冊子が、医療と仏教両者の今後の協力関係の構築、相互理解の促進への一助になればと願っています。

ある僧侶《そうりょ》の方が、「歳《とし》をとることは楽しいことですね、今まで見えなかったことが見えるようになるのです」と書かれていました。教えに照らされながら歳を重ねることで新たに見えてくる世界のあることを、「本当にそうだ」と頷《うなず》きつつ、念仏との出遇《であ》い（よき師との出遇い、お育て）をふりかえり、いまは喜びと感謝の気持ちで一杯です。

田畑正久

二〇〇一年二月

田畑正久（たばた　まさひさ）
昭和24年生まれ、九州大学在学中に細川巌先生に出遇い、以後浄土真宗のお育てを頂く。「国東ビハーラの会」を組織し、病院内でビハーラ活動に取り組む。大分県下数箇所で「歎異抄に聞く会」を主催。平成16年3月、東国東広域国保総合病院院長退職。引き続き、佐藤第二病院勤務。飯田女子短期大学客員教授。医学博士。
著書に『生と死を見つめて――医療と仏教が共にできること』（東本願寺）。

老・病・死の現場から
ひとりふたり‥聞法ブックス 7

2001年 4月 8日　初版第1刷発行
2012年 1月 30日　初版第7刷発行

著者――田畑正久
発行者――西村明高
発行所――株式会社法藏館
〒600-8153
京都市下京区正面通烏丸東入
電話：075-343-5656
振替：01070-3-2743

印刷・製本――厚徳社

ISBN978-4-8318-2137-9　C0015

ひとりふたり‥聞法ブックス

医者の目 仏のこころ	田畑正久著	三八一円
今、今日を生きる	田畑正久著	三八一円
海をこえて響くお念仏	張《チャン》 偉《ウエイ》著	三八一円
やさしく語る 仏教と生命倫理	田代俊孝著	三八一円
ねぇぼくの気持ちわかって	富田富士也著	三八一円
健康であれば幸せか	駒沢 勝著	三八一円
生きるための歎異抄	松田正典著	三八一円
勇気をくれた子どもたち	祖父江文宏著	三八一円
仏の智慧 仏教でシェイクスピアの『リア王』を読む	狐野利久著	三八一円
真実に遇う大地	松田正典著	三八一円